KB123720

순간의
아이디어에서 탄생한
세계적 특허발명 이야기 1

포켓브러리
001 **1**

순간의
아이디어에서
탄생한

세계적
특허발명
이야기 **1**

왕연중 지음

idea

세창미디어

포켓브러리 001

순간의 아이디어에서 탄생한
세계적 특허발명 이야기 1

초판 1쇄 인쇄 2009년 10월 5일
초판 1쇄 발행 2009년 10월 10일

지은이 왕연중 | **펴낸이** 이방원

편집 김명희 · 김종훈 · 손소현 · 안효희 | **마케팅** 최성수

펴낸곳 세창미디어 | **출판신고** 1998년 1월 12일 제300-1998-3호
주소 120-050 서울시 서대문구 냉천동 182 냉천빌딩 4층
전화 723-8660 | **팩스** 720-4579
이메일 sc1992@empal.com
홈페이지 http://www.scpc.co.kr

ISBN 978-89-5586-097-9 04000
ISBN 978-89-5586-096-2(세트)

ⓒ왕연중, 2009

값 5,000원

잘못 만들어진 책은 바꿔 드립니다.

(순간의 아이디어에서 탄생한) 세계적 특허발명 이야기. 1 / 왕연중 지음.
— 서울 : 세창미디어, 2009
  p. ; cm — (포켓브러리 ; 001)

ISBN 978-89-5586-097-9 04000 : ₩5000
ISBN 978-89-5586-096-2(세트)

특허 발명[特許 發明]

502.9-KDC4
608-DDC21   CIP2009002977

지 금 은   발 명 시 대

이 책은 필자가 〈소년조선〉, 〈소년동아〉, 〈소년한
국〉, 〈일간 스포츠〉, 〈전자신문〉, 〈과학신문〉, 〈공업
신문〉, 기타 월간 전문지 및 대기업 사보 등에 연재했
던 글 중에서 발췌하여 발간한 《순간의 아이디어에서
탄생한 세계적 특허발명 이야기》를 보완하여 다시 발
간하는 것입니다.

1996년 초판 발간 후 꾸준히 사랑해 주시는 독자 여

러분에게 더 이상 재판으로 인사드리기에는 내용 및 편집에 문제점이 있어 내용도 보완하고 판형도 바꾸어 새로운 모습으로 인사드립니다.

이 책의 특징은 이론 위주에서 과감히 탈피하여 역사의 뒷장에 숨겨져 있던 주옥 같은 놀라운 발명 사례들을 추적하여 분석함으로써 누구나 스스로 아이디어를 창출하고, 이를 발명으로 꽃피울 수 있도록 하는 데 있습니다.

순간의 아이디어로 이룬 큰 발명, 작은 아이디어로 이룬 큰 발명, 작은 아이디어로 황금방석에 앉은 성공 사례들을 살펴보면 그 속에 누구나 발명가가 될 수 있는 길이 보이고, 실제로 그 길을 따라 많은 사람들이 발명가로 성공한 바 있습니다.

더욱이 사례 하나하나가 동화보다 아름답고 소설보다 흥미로워 일부 신문·잡지·사이버 공간에서는 발명동화 또는 발명소설로 소개되고 있기도 합니다.

이제 발명은 선택이 아니라 필수인 것 같습니다.

그런데 놀라운 사실은 발명은 누구나 할 수 있다는 데 있습니다. 이 책에 등장하는 주인공들을 보십시오. 많은 사람들이 무심코 관심 없이 지나쳐 버렸던 작은 일에서 발명을 하여 성공하고 있지 않습니까?

이들의 발명품에서도 '보다 편리하게, 보다 아름답게' 해야 할 것이 한두 가지가 아닐 것입니다. 그것을 발견하는 순간 당신은 발명가가 되는 것입니다.

세계 어느 나라 특허청에서나 '보다 편리하게' 하면 특허나 신용신안출원이 가능하고, '보다 아름답게' 하면 디자인출원이 가능하며, 등록을 받는 순간 세계가 인정하는 발명가가 되는 것입니다.

21세기는 발명시대입니다. 개인, 기업, 사회, 국가의 경쟁력을 발명이 좌우하는 시대입니다. 우리 모두 발명가가 됩시다. 제가 앞장서서 친절하게 발명가가 되는 길을 안내하겠습니다.

사람 자체가 부족한 탓으로 글 또한 부족함을 솔직히 시인하면서 따가운 채찍과 따뜻한 격려를 부탁드

립니다. 부족한 글을 다시 엮어 새로운 책으로 펴내
주신 사랑하는 세창미디어 임직원 여러분에게 하늘
같은 감사를 드립니다.

2009년 가을이 오는 관악산 기슭에서

왕 연 중

차 례

제1부

순간의

아이디어로

큰 발명

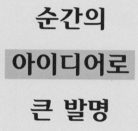

순간의 아이디어에서 탄생한
세계적 특허발명 이야기 1

전자레인지

전자레인지는 요즘 어느 가정집 주방에서나 쉽게 찾아볼 수 있는 조리기구다. 극초단파(microwave)를 음식물에 쬐어 불 없이 음식물을 익히는 것이 전자레

인지의 기본 원리.

극초단파는 1초에 전기장의 방향이 10억 번에서 300억 번까지 바뀌는 전자기파다. 이것이 음식물 속의 물분자를 빠르게 움직이게 한다.

이 움직임 덕분에 분자 사이에 마찰이 생겨 온도가 올라가고 그 온도로 음식이 익는다. 식품의 겉과 속을 고루 익게 한다는 장점이 있으며 조리시간도 크게 줄어든다.

전자레인지를 발명한 사람은 미국의 퍼시 L. 스펜서(1894~1970)이다. 그는 집안 형편이 어려워 초등학교도 졸업하지 못하고 공장에서 일하기 시작한 사람이었다.

그는 철공소를 거쳐 진공관을 만들던 '레이티온사'로 옮겨 일하게 됐다. 비록 학교를 제대로 다니지 못했지만 뛰어난 두뇌를 지녔던 그는 입사 뒤 끊임없는 노력과 연구로 120여 개의 특허를 따냈다.

발명가가 된 것이다.

전자레인지 발명은 그의 성실한 노력에 우연이 더해진 결과이다.

1945년 어느 날, 진공관 곁에서 연구에 몰두하던 스펜서는 주머니에 손을 넣는 순간 깜짝 놀랐다. 군것질거리로 넣어 두었던 주머니 속 초콜릿이 뜨거운 것이 없는데도 모두 흐물흐물 녹아 버렸던 것.

다음날도 똑같이 주머니에 초콜릿을 넣어 두었더니 마찬가지 결과가 나왔다.

'분명 어떤 이유가 있다'고 생각한 스펜서는 연구를 시작했다.

오랜 궁리 끝에 진공관에서 뿜어 나오는 극초단파 때문에 초콜릿이 녹았다는 사실을 알아냈다.

스펜서는 이 원리를 이용, 불을 쓰지 않고도 음식을 조리하는 전자레인지를 만들어 냈다. 물론 특허도 얻었다.

퍼시 L. 스펜서

처음 만들어 낸 전자레인지는 높이 150센티미터에 무게가 340킬로그램이나 되는 엄청난 크기였다. 가정보다는 큰 식당이나 열차, 배 등에서 주로 쓰였다.

하지만 이후 기술의 발달로 전자레인지는 점점 작아졌다. 전문 요리사뿐만 아니라 보통 가정주부도 쉽게 음식을 만들 수 있도록 기능도 다양해지고 간편해졌다.

국내에서는 1981년부터 생산되기 시작했다.

잠수함

잠수함의 시초는 지금으로부터 233년 전에 발명되었다. 미국 독립전쟁 와중에 예일대학에 다니던 데이비드 브슈넬이 만든 터틀이 바로 그것이다.

당시 영국은 대영제국이란 이름에 걸맞게 세계 도처에 식민지를 두고 있었다. 미국도 영국의 식민지였다. 영국으로부터 완전히 독립하고자 했던 미국은 영국과의 전쟁을 피할 수 없었다. 1775년에 마침내 전쟁이 일어났다.

전쟁은 치열했다. 산업혁명 이후 공업국가로 발전을 이룬 영국은 최신무기와 무적의 함대를 이용해 미국 독립군을 전멸시키려 했다.

뉴욕 항구의 부두에 서 있던 데이비드 브슈넬의 눈은 붉게 충혈되어 있었다. 오직 자유를 위하여 목숨도 버리는 젊은 병사들의 주검이 즐비한 길을, 영국의 많은 군함들을 바라보며 울분을 삼켰다.

"군함! 군함을 없애야 해."

그러나 해안을 점령한 영국군은 그곳에 포대를 구축하고 있어서 보통의 배로는 접근조차 할 수 없었다.

"바닷속을 뚫고 들어가 적의 군함을 폭파시킬 수는 없을까? 바닷속으로 숨어 움직이는 배가 있다면 좋을 텐데…."

물속을 다닐 수 있는 배에 관한 생각을 거듭하다 브
슈넬은 무심히 물 위를 떠가는 술통을 보았다. 통 속
에는 약간의 물이 들어 있어서 파도에 밀리며 물 위로
뜨기도 하고 가라앉기도 하면서 떠다녔다.

"바로 저런 나무통에 사람이 들어갈 수 있다면… 물
속으로 가라앉고 싶을 때는 통 속에 물을 넣고 물 위
로 뜨고 싶을 때는 물을 빼면 될 거야."

브슈넬은 곧바로 연구를 시작했다. 몇 번의 시행착
오 끝에 만들어진 브슈넬의 잠수함은 달걀을 세워놓
은 것 같았으며, 크기는 술통만한 것이었다. 마치 장
난감처럼 조그마한 배는 안쪽과 위쪽에 스크루(추진
기)를 달고 있었고, 그 속에서 사람이 조종하게 되어
있었다. 배의 뒤쪽에 달려 있는 키를 움직여 방향을
조종하고, 두 발로 배 밑바닥의 핸들을 돌려 물의 양
을 조절해 배를 뜨게 하거나 가라앉게 했다.

1776년에 완성된 브슈넬의 1인용 잠수함인 터틀호

는 지금 보면 허술하기 이를 데 없지만 영국군의 사기
를 저하시키는 데 한몫을 톡톡히 했다.

연 필

연필의 역사는 대체로 16세기 무렵부터 시작된 것
으로 볼 수 있으나 일반화된 것은 19세기에 들어서부
터이다. 그리고 연필이 오늘날과 같은 모습을 갖추게
된 것은 1795년 프랑스의 화가이자 과학자인 콩테에

의해서였다.

어느 화창한 오후였다. 많은 사람들이 공원에 나와 모처럼 햇빛을 즐기고 있었다. 정말 평화로운 한때였다. 그러나 단 한 사람, 공원 한구석에서 그림을 그리고 있는 남자만은 예외였다. 그는 얼굴을 심하게 일그러뜨린 채 아주 큰소리로 짜증을 내고 있었다.

"이런! 또 부러졌군. 이래서야 스케치를 할 수가 없잖아!"

그는 몹시 화가 난 듯, 손에 들고 있던 숯덩이를 내던졌다. 당시에는 밑그림을 그리는 데 숯을 많이 이용하고 있었다.

그로부터 며칠 후, 콩테는 골똘히 생각에 잠긴 채 한동안 그대로 앉아 있었다.

"흐음…, 그런 방법이 있었군…."

콩테는 스위스 학자인 콘라트 폰 게스너의 논문을 읽다가 의미심장한 미소를 지었다. 그는 공원에서 스케치를 한 그 날 이후로 줄곧 새로운 미술도구에 대해 연구하고 있었다. 그는 게스너의 논문에서 흑연을 넣어 필기구로 사용했다는 대목에 흥미를 느꼈다.

"흑연을 이용한 필기구라…. 그것 정말 괜찮군. 미술도구로서뿐만 아니라 새로운 필기도구로 쓸 수도 있겠어."

그는 곧바로 실험에 착수했다. 그의 작은 화실이 연구실로 이용되었다. 콩테는 우선 심을 만드는 작업에 착수했다. 처음에 흑연을 모아서 막대 모양으로 만들어 여러 날을 말려 보았으나 그림을 그리거나 글씨를 쓰기에는 부적합하였다. 제일 중요한 문제는 흑연에 일정한 강도를 주는 일이었다. 그는 매일 새로운 방법을 시도해 보았으나 결과는 항상 실패였다.

그러던 어느 날이었다. 콩테는 저녁식사 도중 무심결에 접시를 만져 보았다. 그러고는 갑자기 자리에서 벌떡 일어났다. 접시를 만지는 순간 문제의 해답이 떠올랐기 때문이었다.

"흙을 불에 구우면 이 접시처럼 이렇게 단단해진다.

만약 흑연을 흙과 섞어 반죽해서 굽는다면 어떨까?"

그는 식사를 하다 말고 바로 연구실로 달려가 다시 며칠을 실험에만 집중했다. 추측대로 실험은 대성공이었다.

그는 가마에서 검게 빛나는 단단한 흑연 막대기들을 끄집어냈다. 손은 기쁨으로 가볍게 떨리고 있었다. 그는 이것을 미리 준비한 나무막대의 홈 속에 차근차근 끼워 넣고 적당한 크기로 잘라냈다. 완성된 연필이 탄생한 순간이었다.

이때가 1795년이었다.

볼펜

가장 널리 사용되고 있는 필기도구라 하면 단연코 볼펜을 들 수 있을 것이다.

이 편리하고 실용적인 필기구는 여러 사람의 피와 땀으로 탄생하였다.

헝가리 사람으로 교정 일을 하던 빌로는 만년필에 몇 번씩이나 잉크를 보충하며 일하고 있었다.

"한두 번도 아니고 계속해서 잉크를 넣어 쓰는 것은 너무 불편해. 만년필 말고 좀 더 편리한 필기도구는 없을까? 그러면 일하기가 훨씬 수월할 텐데. 좋아, 한 번 만들어 보자."

그날부터 빌로는 동생과 함께 새로운 필기구 발명에 몰두했다.

한편 미국에서는 제2차 세계대전 중 시카고의 밀턴 레이놀즈라는 사람이 아르헨티나의 부에노스아이레스로 출장을 가던 중 빌로의 펜촉이 없는 펜을 보게 되었다.

"야, 그것 참 편리하겠네!"

레이놀즈는 그것을 가지고 곧 미국으로 돌아왔다.

미국 정부는 취급이 간단한 이 필기구를 10만 개나 구입하였다. 따라서 레이놀즈의 볼펜은 전쟁터를 석권할 수 있었다.

그러나 다른 미국인 존 로드가 이미 1888년에 볼펜을 발명하여 특허를 취득했었다. 그러나 이것은 당시 훨씬 실용적이었던 만년필 때문에 빛을 보지 못한 채 80년간이나 이용되지 못하고 버려져 있었던 것이다.

볼펜이 오늘날과 같은 형태가 된 것은 찰기가 있는 잉크를 사용하면서부터였다. 이것은 오스트리아에서 온 화학자 프란츠 제이크가 캘리포니아의 자기 집 부엌에서 합성한 것이다.

제2차 세계대전 후, 뉴욕에서 '물속에서도 쓸 수 있는 펜'이라는 광고 표어를 내걸고 민간 시장을 겨냥, 색다른 무대를 마련하였다.

사람들은 이 신기한 실연을 보고자 여기저기서 모여들었다. 이윽고 막이 올라가자 무대 위엔 커다란 수조가 보였다. 사방이 유리로 되었기 때문에 그 안에서 어떤 일이 벌어지는가를 한눈에 볼 수 있었다.

사람들은 웅성거리다가 실연자인 짐벨이 나오자 조

용히 수조를 주시했다. 짐벨은 사람들에게 인사를 하고는 여유 있는 표정으로 수조 속으로 들어가 종이와 볼펜을 꺼내 낙서를 해보였다.

　사람들은 모두 신기해하며 일제히 박수를 쳤다. 수조 주위에서 이를 지켜보던 5,000여 명의 사람들은 각자 3파운드씩 지불하고 이 볼펜을 사가지고 갔다. 이렇게 해서 볼펜은 사라져 가는 연필과 값비싼 만년필 사이에 끼어들어 현재 어떤 필기구보다도 널리 이용되고 있다.

시멘트

  1755년 당시 30세의 영국인 청년 존 스미턴이 에디 스턴 로크라는 섬을 찾았다. 존 스미턴은 토목 기사로 서 등대를 재건하라는 정부의 명령을 받았던 것이다.

  에디스턴 로크는 영국 본토의 남단 폴리머스항 앞

쪽의 바위섬이었다. 1699년 바로 이곳에 세계 최초로 본격적인 등대가 세워졌다.

그러나 이 등대는 목조였기 때문에 오래 가지 못했다. 3년 뒤 바람에 넘어져 다시 세웠으나 이번에는 화재로 전부 타버렸다.

스미턴은 등대의 재건이라는 중요한 임무를 맡고 고민에 빠졌다.

"종전과 같은 목조로는 튼튼한 등대를 만들 수가 없다. 거센 물결과 바람에 견디고, 화재의 염려가 없게 하려면 어떤 재료로 어떻게 지어야 할까?"

스미턴은 이내 시멘트를 떠올렸다. '아무래도 시멘트로 만드는 수밖에 없다. 그런데 잘 될까….'

스미턴은 시멘트를 사용해 보기로 결정했다. 그리고 고대 알렉산드리아항 입구에 있었다고 하는 유명한 파로스 등대를 본떠서 등대를 설계했다.

스미턴은 초조하게 시멘트의 원료인 흰 석회석이 도착하기를 기다렸다.

마침내 기다리던 시멘트의 재료가 도착했다. 그런데 도착한 것은 흰 석회석이 아닌 검은색의 석회석이었다.

하지만 그대로 주저앉을 수는 없었다.

"그래. 검은 석회석이라고 해서 시멘트가 되지 말란 법도 없을 것이다. 한번 테스트를 해보자. 그리고 흰 석회석으로 만든 시멘트와 비교해 보고 센 쪽을 사용하도록 하자."

스미턴은 두 종류의 석회석을 실험해보았다. 그 결과 검은 석회석으로 만든 시멘트가 훨씬 단단히 굳어진다는 것을 알았다.

검은 석회석 속에는 점토가 들어 있었다. 이 점토 때문에 석회석이 검은 빛깔을 띠고 또 매우 단단히 굳어지는 것이었다. 그뿐 아니라 새로운 시멘트는 공기 속에서나 물 속에서나 쉽게 굳어지는 성질을 가지고 있었다.

스미턴은 이 새로운 시멘트를 사용해 등대를 짓기

시작했다. 3년 뒤인 1757년, 마침내 에디스턴 등대는 먼 길에서 돌아오는 배들을 위해 밝은 불빛을 비출 수 있게 되었다.

1824년 11월 21일에는 영국 중부에 있는 리즈 시의 벽돌직공 조지프 아스프딘에 의해 '인조석 제조법의 개량' 특허가 나와 '포틀랜드 시멘트'가 판매되기 시작했다.

롤러스케이트

여러분! 롤러스케이트 타 보았죠? 흔히 롤러블레이드(인라인스케이트)라고 부르는 것 말이에요. 그런데 이 기구는 어떻게 만들어졌을까요?

┃ 제임스 플림튼

롤러스케이트를 발명한 사람은 제임스 플림튼이란 미국 사람이다.

그는 매사추세츠 주에 있는 가구 공장에서 영업 사원으로 일하고 있었다.

하지만 하루 종일 돌아다니는 일이다 보니, 그만 신경통에 걸리고 말았다. 의사는 적당한 운동, 특히 스케이팅을 권했다. 그러나 그는 시간이 부족해서 운동할 엄두를 못 냈다.

따라서 몸 상태는 더 나빠지고, 능률도 떨어지게 되었다. 쉽게 말해 스케이팅을 시작할 수밖에 없는 상태가 되었다.

그래서 겨울 동안 스케이트를 탔다. 물론 통증은 점차 줄어들었다.

하지만 봄이 되자 그는 스케이트를 타고 싶어도 더이상 탈 수가 없었다. 따뜻한 날씨 때문에 얼음이 모두 녹아 버렸기 때문이다.

플림튼은 생각했다.

"사계절 내내 스케이트를 탈 수는 없을까?"

고민을 계속하던 어느 날이었다. 어린 아들이 집 안을 빙빙 돌며 신나게 놀고 있었다. 바퀴가 달린 장난감을 타고 말이다.

그 모습을 본 플림튼은 그 자리에서 얼어붙었다.

"그래! 스케이트에 바퀴를 다는 거야. 얼음 대신 맨땅에서도 탈 수 있도록…."

이렇게 해서 탄생한 것이 세계 최초의 롤러스케이트이다.

그는 특허출원을 서둘렀다. 그리고 1863년 이른 봄, 대량 생산의 물꼬를 텄다.

　　롤러스케이트는 순식간에 미국 전역에 퍼졌고, 얼마 후부터 롤러스케이팅이 최고의 스포츠로 각광을 받기 시작했다.

공기 타이어

　자동차나 자전거의 바퀴가 딱딱한 쇳덩어리라면 어떨까?

　지금처럼 공기를 넣은 타이어를 처음 발명한 사람은 엉뚱하게도 수의사였던 존 보이드 던롭(1840~1921)이다.

| 존 보이드 던롭

그의 발명은 외아들 조니에 대한 사랑에서 시작됐다. 영국의 작은 도시 벨파스트에 살던 던롭의 10살 된 아들 조니가 삼륜자전거를 타고 놀다가 넘어져 얼굴을 심하게 다쳤다. 당시 모든 바퀴는 무쇠로 만들어졌거나 나무바퀴 위에 무쇠를 씌운 것들이었다. 때문에 작은 돌멩이에 부딪히기만 해도 크게 흔들리기 일쑤여서 자주 사고가 났다.

사랑하는 아들의 상처를 본 던롭은 안전한 타이어가 있어야겠다고 생각했다. 궁리하던 던롭에게 떠오른 생각은 '말랑말랑한 고무를 입히면 어떨까' 하는 것이었다. 때마침 집에서 쓰던 고무관이 눈에 띄었고 나무바퀴의 무쇠를 벗겨 내고 그것을 씌워 보았다. 그러나 신통치 않았다. 덜덜거림은 조금 줄었지만 불편하기는 마찬가지였다.

고민을 계속하던 어느 날, 조니가 쭈그러진 축구공

을 들고 와 팽팽하게 공기를 넣어달라고 했다. 팽팽해진 축구공을 안고 있는 아들의 모습에서 던롭은 아이디어를 얻었다. 자전거 바퀴에 고무를 씌우고 그 속에 공기를 넣어 탄력을 갖도록 하면 좋을 거란 생각을 하게 된 것.

던롭은 곧 실험을 시작했고 결국 공기를 넣은 최초의 타이어를 만들어 아들의 자전거에 달았다. 탄력이

조선 순종이 탔던 자동차.
국내에서 가장 오래된 차(1918년 제작)로 던롭 타이어가 달려 있다.

있어 승차감도 좋고 바퀴도 잘 굴렀다. 1888년 2월 28 일이었다.

아들이 신나게 자전거를 타는 모습을 보던 던롭은 '공기 타이어를 모든 사람들이 쉽게 이용하도록 하자'고 마음먹었다.

수의사 일을 그만두고 타이어에 대한 특허를 얻어 낸 뒤 '던롭 공기 타이어 회사'를 세웠다. 엄청난 인기를 끈 것은 당연했다. 유럽과 미국 등 전 세계에서 주문이 밀려왔다. 마침 자전거가 널리 보급되던 시기여서 매년 필요한 타이어 숫자만 해도 1억 개가 넘었다. 게다가 타이어는 당시 막 개발되기 시작한 자동차에 없어서는 안 될 부품이었다.

독일 벤츠 자동차와 미국 포드 자동차에 공기 타이어를 독점적으로 납품했다. 아들을 사랑하는 마음에서 궁리한 타이어 덕분에 던롭은 평범한 수의사에서 대기업 사장이 됐다. 던롭이 세운 회사는 지금도 세계적인 타이어 제조회사로 명성을 날리고 있다.

얼굴인식 시스템

지구촌 어디에도 지문이 같은 사람은 없다. 얼굴 모습도 예외가 아니다.

같은 날 비슷한 시간에 태어난 쌍둥이라도 지문과 얼굴모습은 다르다. 아무리 똑같은 모습도 조금만

세밀히 살펴보면 다른 곳을 쉽게 찾아낼 수 있다고 한다.

이 때문에 많은 사람 중에서 특정인을 찾아낼 때 쓰이는 가장 과학적인 방법이 지문감식이고, 범죄 수사에서 지문감식처럼 중요하게 여겨지는 것도 흔치않다.

지문감식이 이처럼 위력을 발휘하자 감쪽같이 등장한 것이 신분증 위조. 남의 신분증에 사진을 교묘히 바꿔 붙여 저질러지는 범죄가 매년 증가하고 있는 것이 이를 입증해주고 있다.

그런데 여기에 쐐기를 박는 발명품이 등장, 신분증 위조도 머지않아 사라질 것이다. 이름 하여 '얼굴인식 시스템'.

발명가는 미국 뉴욕에 사는 기술자 출신의 피터 탈. 피터는 간단한 수학공식에서 힌트를 얻어 이 발명을 하게 되었고, 이미 특허까지 받아 놓았다.

"이 수학공식의 원리는 우선 영상프로세서가 얼굴의 흑백사진을 찍은 뒤, 이 사진을 디지털부호로 옮기는 것에서부터 시작되지요."

즉, 코밑과 입술 중앙의 그늘진 곳 등 입술 주위의 특징만도 100만 가지 이상이 있는데, 이 특징들을 50개 정도의 정보로 압축하는 것이다. 이어서 이 압축된 정보를 또다시 간단한 숫자로 압축하여 신분증에 내장된 자기테이프에 입력하면 되는 것이다.

이 소식이 알려지자 주요국가의 세관검역소에서 문의전화가 빗발쳐 상품화 또한 시간문제인 것으로 알려지고 있다.

"현금자동지급기와 비슷한 컴퓨터를 세관검역소에 설치하고 여행자의 신분증을 밀어 넣으면 고유의 숫자가 나타나게 되고, 동시에 컴퓨터가 촬영한 여행자의 얼굴에서 나타난 숫자가 일치하면 본인임이 확인되는 것이지요."

이 같은 과정 또한 단 1초면 족하므로 여행자는 자신의 신분이 검증되는 것도 알지 못한다.

따라서, 여행자의 신분을 확인하는 번거로운 작업

이 필요하지 않고, 여행자는 고품격 서비스의 통관이 가능한 것이다. 머지않아 돈방석에 앉을 게 확실한 피터의 얼굴감식방법은 범인검거는 물론 신용카드업계에도 일대 혁신을 가져올 것으로 전망되고 있다.

팥 빵

"장사는 자본이 제일이다. 자본 없이는 장사로 성
공할 수 없다. 이것이 자본주의인 것이다."

대부분의 사람들이 이와 같은 생각을 하고 있을지

도 모른다. 그러나 이 생각은 틀린 생각이다.

아무리 많은 자본을 가진 사람이라도 자본의 효율적인 관리나 사업 아이디어가 없다면 그 사람은 성공할 수 없다. 그러나 자본이 없는 사람이라 할지라도 아이디어만 뛰어나다면 사업을 성공시킬 수가 있다.

이를 입증한 사람은 일본의 빵 만드는 달인으로 알려진 기무라 야스베라.

기무라가 처음 제과점을 개업했을 때, 아무리 애써도 장사가 잘되지 않았다. 그래서 그는 여러 가지로 생각해 보았다.

"이렇게 장사가 안되면 나는 곧 망하고 말거야. 어떻게 하면 좋을까?"

그는 궁리 끝에 다른 제과점에서는 구할 수 없는 새로운 과자를 개발하기로 마음먹었다.

"그래, 새로워야 돼. 그렇지만 사람들이 누구나 좋아할 수 있는 그런 것이어야 해. 그런 것은 무엇일까?"

그는 며칠 동안이나 새로운 빵에 대한 연구를 했다.

그러던 어느 날, 만두를 먹던 기무라는 기막힌 아이디어를 떠올렸다.

"그래, 만두처럼 빵 속에 고물을 넣는 거야. 일본 사람이 좋아하는 단팥을 넣으면 아주 맛있을 거야."

그는 즉시 단팥을 넣은 빵을 만들어 가게에 내놓았다.

예상대로 팥빵은 날개 돋친 듯 팔려 나갔다.

팥빵의 인기는 날로 상승했고 기무라는 큰 부자가 되었다.

이것이 일본 팥빵의 시초이며, 기무라가 유명해진 것은 이 팥 넣은 빵의 아이디어 덕분이었다.

그 후에도 그는 이런 작은 아이디어를 계속 고안해 냈고, 마침내 일본 제일의 빵 만드는 달인이 되었다.

제2부

작은
아이디어로
큰 발명

순간의 아이디어에서 탄생한
세계적 특허발명 이야기 1

얼음 톱

'얼음 톱'을 발명하여 훌륭한 기업인이 된 '마치다 세시로'.

그는 일본 우라와 시의 작은 제빙 공장 사장의 아들로 태어났다. 유복한 환경에서 너무 귀엽게만 자란 마치다는 결국 허영꾼이 되어버렸다.

바탕은 착하고 선량한 그였지만, 허영기가 있어서 밤낮으로 노는 일에만 정신을 쏟았다. 온종일 마치다가 하는 일이란 카바레나 다방으로 친구들을 불러내 한턱을 내고 노는 일. 그리고 나면 그 모든 비용은 으레 아버지인 제빙 공장 사장의 몫이었다.

그렇게 놀면서 허송세월을 하다 보니 마치다의 나이도 어느덧 28세가 되었다. 제 또래의 젊은이들이 저마다 열심히 일하고 있음에도 불구하고 자신은 점점 쓸모없는 인간이 되어가고 있음을 깨달은 것이다.

'이런 식으로 살아간다면 나는 인간쓰레기가 될 거야. 무언가 새로운 결심을 하지 않으면 안 되겠다.'

마침내 마치다는 일본 발명학회 회장인 도요자와를 찾아가 인생 상담을 요청했다.

그런데 그의 한 마디가 마치다의 인생 전환점이 될 줄이야! 전직 교사 출신인 도요자와의 한 마디는 구제 불능의 허영꾼이던 마치다를 크게 감동시켰다.

"마치다 군! 진정한 즐거움은 항상 열심히 연구하는 데 있네. 스스로 훌륭한 인물이 될 수 있는 방법을 생각해 보게나. 카바레나 다방에서의 향락은 물거품과 같은 걸세. 만약 진정으로 자네가 새사람이 되고 싶다면 부친의 제빙 공장에 개선할 것이 없는가 하는 것부터 찾아보게나."

"감사합니다. 정말 고맙습니다, 회장님."

마치다는 날아갈 듯한 기분으로 도요자와의 사무실을 나왔다.

여름이 되자 공장은 눈코 뜰 새 없을 정도로 바쁘게 돌아갔다. 일손이 모자라 마치다까지 톱으로 얼음을 잘라야 할 형편이었다. 그는 이른 새벽부터 서너 명의 젊은 공원들과 함께 얼음을 잘랐다. 바윗덩이만큼이나 큰 얼음을 알맞은 크기로 자른다는 것은 결코 쉬운 일이 아니었다. 힘이 센 젊은이라도 2~3시간이면 솜처럼 몸이 나른해질 정도로 고된 작업이었다.

'이처럼 기계 문명이 발달한 시대에 톱으로 일일이

얼음을 자르다니 너무 원시적이다. 얼음을 자르는 기계라… 만약 그런 것이 있다면 훨씬 경제적이고 편리할 텐데.'

마치다는 직접 얼음을 자르는 기계를 만들기로 결심했다. 그날 이후 마치다는 매일 제재소를 견학하고, 그 원리를 토대로 얼음 자르는 기계톱을 연구하기 시작했다.

드디어 마치다는 나무를 자르는 톱의 원리를 응용한 얼음용 톱을 발명했다.

방법은 간단했다. 원리는 제재소 톱과 비슷하고 단지 톱날만을 쉽게 녹이 슬지 않는 특수 강철로 바꾼 것이었다.

삼륜차

1970년대 초반까지만 해도 세 개의 바퀴가 달린 소형트럭, 이름 하여 삼륜차라는 것이 짐을 실어 나르는데 많이 쓰였다.

뒤뚱뒤뚱 걷는 아이 같은 불안감이 없지 않았지만

좁은 골목길도 자유롭게 드나들 수 있어 더없이 편리한 운반수단이었다.

어느덧 자동차의 역사 속에서나 찾아볼 수 있는 골동품이 되어 버렸지만 자동차의 아버지로 불리는 벤츠는 삼륜차의 발명으로 부와 명예를 동시에 거머쥘 수 있었다.

작고 가벼운 자동차를 발명하여 판매한 사람으로도 유명한 벤츠는 엔진 발명에도 손대고 있었다. 성능 좋은 엔진의 발명이 곧 성능 좋은 자동차 발명의 지름길이었기 때문이다.

그러나 자신보다 앞서 오토와 랑겐이 발명하여 특허를 받은 엔진 때문에 손쓸 틈이 없었다.

오토와 랑겐이 발명한 엔진과 다른 원리로 성능 또한 뛰어난 엔진을 발명해야만 특허를 받아 상품으로 생산할 수 있는데 그것이 생각처럼 쉬운 일이 아니기 때문이었다. 그렇다고 물러설 벤츠는 아니었다.

'두 사람의 특허기술을 피하고 여기에 또 다른 기능

을 추가하기만 하면 되는데….'

벤츠의 첫 작업은 오토와 랑겐이 발명한 엔진을 분해하여 그 구조와 역할을 분석하는 것이었다. 오랫동안 엔진을 주물러 온 그에게는 낯선 일이 아니었다.

교묘하게 구조를 바꾸고 전기점화장치를 붙여보았다. 성공이었다. 오토와 랑겐의 특허기술을 그럴싸하게 피할 수 있었던 것이다. 그러나 이 엔진으로 만든 자동차는 허약하고 힘이 모자라 상품화에는 미흡했다. 바로 여기에서 생각한 것이 삼륜차였다.

'그래, 이 엔진을 좀 더 개량하여 삼륜차를 만드는 거다.'

벤츠의 생각은 적중했다. 1887년 마차가 달리는 거리에 등장한 벤츠의 삼륜차는 구경꾼들을 열광시켰다. 삼륜차가 모습만 드러내면 거리는 눈 깜짝할 사이에 구경꾼들로 가득차 버렸다.

1888년에는 프랑스에도 조립공장이 세워지고 그 인기는 하늘 높은 줄 모르고 치솟았다. 이때 조립된 '프랑스 벤츠'는 지금도 런던 과학박물관에 전시되어 있는데 1958년에 있은 공개 시운전에서 평균 시속 13.6킬로미터로 런던과 브라이튼 사이를 달려 또다시 많은 사람들을 열광시켰다.

이것이 계기가 되어 우리나라를 비롯한 개발도상국 및 후진국 시장에까지 진출할 수 있는 길이 열리기도 했다.

내시경

　수술을 하지 않고도 인체 내부를 속속들이 볼 수 있는 작은 카메라. 이름 하여 내시경으로, 이것은 현대 의학 수준을 한 단계 높인 위대한 발명품이다.

　독일의 크스마울이 1869년에 만든 금속제 막대기

모양의 내시경이 바로 그것.

'세상에 이런 것이 있다니. 이걸 입속으로 집어넣어 뱃속을 들여다본단 말이지? 정말 놀라운 일이야.'

미국인 허쇼위츠는 가늘고 기다란 쇠막대를 보며 눈을 빛냈다.

그러나 실제로는 그다지 많이 쓰이지 않았다.

그 쇠막대를 뱃속에 집어넣으면 환자들이 무척 고통스러워했기 때문이다.

'사람의 배를 가르지 않고도 위장 안을 들여다볼 수 있다니! 몇 가지 결점만 보완한다면 정말 멋진 의료기구가 되겠는걸!'

그의 목표와 신념은 확고했기에, 조만간에 좋은 결과가 나올 것만 같았다. 그러나 문명의 여신은 그에게 잔혹하게 굴었다. 그의 연구는 지지부진했고, 그는 많은 것을 잃어야 했다.

'정녕 내 목적을 이룰 방법은 없단 말인가?'

그는 창을 등지고 앉아 두 팔에 얼굴을 묻었다. 오

랫동안 손보지 않아 제멋대로 자란 머리카락들이 그의 손안으로 엉켜들었다.

아주 가늘고 부드러운 머리카락이었다. 그는 무심코 몇 가닥의 머리카락을 모아 힘을 주어 보았다.

'응? 끊어지지 않잖아?'

그는 다시 한 번 강하게 머리카락을 잡아 당겼다. 그제서야 머리카락은 끊어졌다.

매우 당연한 결과였는데도 불구하고, 그의 마음은 미칠 듯이 흥분되기 시작했다.

'바로 이거야! 이제서야 문제가 해결됐어!'

그는 미친 듯이 소리를 지르며 기뻐했다.

'화상을 전할 수 있는 유리섬유를 사용하는 거야. 가느다란 수만 개의 유리섬유를 한데 묶는다면 유연하고도 강한 수신관이 탄생하잖아!'

허쇼위츠는 이 실마리를 잡은 뒤로는 활발하게 연구를 진행할 수 있었다. 그리하여 1958년에 파이버스코프(fiberscope)라 불리는 내시경을 완성하였다. 이것이 지금 널리 쓰이는 내시경의 시초이다.

그것은 직경 10~20미크론의 유리섬유 10만 개 이상이 한데 묶인 것으로, 이 섬유의 끝에 연결된 카메라를 통해 인체 내부의 상태를 화상으로 전달할 수 있게 되어 있다. 이 밖에도 위의 관찰을 손쉽게 하기 위해, 내장 벽을 확장시키는 송기공, 기구의 끝을 씻어 내리는 송구공 등이 부착되어 있었다.

이것은 위와 같은 소화기관뿐 아니라 식도, 소장, 기관지, 방광까지 관찰할 수 있도록 개발되어 있고 그 크기도 2미터에 달하는 것까지 세분화되어 있었다.

이 파이버스코프의 발명으로 현대의학의 사후치료 단계에서 조기발견, 예방의학 단계로 발전하게 되었고, 좀 더 정확한 진단이 가능하게 되었다.

오토바이

    사람이 갈 수 있는 길이면 어느 곳이든 신속하게 달려갈 수 있는 오토바이. 막힘없이 달릴 수 있어 순찰, 배달, 출퇴근 등에 적격인 오토바이의 최초 발명가는 고틀리프 다임러.

가난한 빵집 아들로 태어난 다임러는 제빵 기술을 배워 대를 이을 것을 강요하는 아버지의 성화에도 불구하고 각종 기계에만 정신이 쏠려 있었다. 이런 다임러의 고집 앞에선 그의 아버지도 손을 들고 말았다.

후일 자동차의 대부가 된 칼 벤츠가 어떻게 해서든지 자전거에 내연기관을 장치하려고 심혈을 기울이고 있을 무렵 다임러도 자동 이륜차(오토바이) 연구에 몰두하고 있었다.

1885년 봄, 벤츠는 자기 집 마당에서 4사이클 석유 엔진을 단 자동 2륜의 시운전에 성공했다. 뒤질세라 그해 가을 다임러는 벤츠를 능가하는 성과를 올렸다.

그런데 놀랍게도 100킬로미터나 떨어져 살았던 두 사람은 전혀 모르는 사이였고, 또 한평생 얼굴을 마주칠 기회조차 없었다.

다임러가 오토바이에 처음 관심을 갖게 된 것은 1872년. 그는 니클라우스 오토라는 기계기술자를 만나 함께 일하고 있었는데, 그 무렵 오토가 4사이클 고정 내연 가스엔진을 개발하고 있었다.

이에 자극을 받은 다임러는 자신도 자동 이륜차 연구에 전념하기로 했다.

그는 오토의 엔진을 분석하여 이것보다 뛰어난 내연기관을 만들어야겠다고 결심했다.

쉬운 일이 아니었다. 몇 달이 흘렀으나 달리 뾰족한 방안이 없었다.

끙끙 앓으며 또 다시 몇 달이 흘러갔다.

그러던 어느 날 그는 그 동안의 연구결과를 정리하며 희망에 부풀어 오르기 시작했다.

'그렇다. 연료는 석탄가스 대신 석유의 증기를 쓰고, 점화는 영구불꽃 대신 공기식 점화장치를 쓰는 거다.'

다임러의 생각은 적중했다. 오토의 특허를 교묘히 피하면서 성능은 오히려 앞선 내연기관 개발에 성공한 것이다.

내연기관 발명에 이어 이륜차 제작에 들어갔다. 그의 이륜차는 튼튼한 구조로서 바퀴는 나무로 만들었으며 내연기관은 탑승자의 좌석 바로 밑에 장치했다.

다임러는 이 자동 이륜차(오토바이)가 시골 우체부에게는 최고일 것이라고 확신했다. 그러나 우체국에서 거들떠보지도 않아 무용지물이 되고 말았다.

이 오토바이가 진가를 발휘하기 시작한 것은 제1차 세계대전 중. 전쟁이 계속되자 다임러의 오토바이는 헌병 및 연락병용으로 채택되어 그 인기가 하늘 높은 줄 모르고 치솟아 오토바이 시대를 활짝 열어 놓았다. 무엇보다 값이 싸다는 것과 주행비용이 저렴하다는 데서 자동차의 인기를 앞지르게 된 것이다.

발모 촉진제

　'벼로부터 추출해 낸 발모 촉진제.'

　1986년 일본을 들썩이게 한 사건이다.

　많은 탈모증 환자들을 설레게 한 이 발모 촉진제의
발명은 평범한 농민의 손에 의해 이루어졌다. 그의 예

리한 관찰력과 상식을 뛰어넘는 상상력이 벼를 이용하여 발모제를 만드는 쾌거를 이룬 것이다.

1977년 가을, 일본 미야자키 현의 한 평범한 농부인 이토 다카시는 자신의 논에서 이상하게 생긴 벼를 발견했다.

'어허, 이것 참 이렇게 작은 벼가 있었다니. 집에서 화분에다 길러도 될 정도로 작고 귀여운데.'

이토는 사사니시키의 변종으로 밝혀진 그 작은 벼 포기를 작은 분재로 만들어 상품화하였다. 고향의 들판을 그리워하는 도시인에게 알맞을 것이라 생각했던 것이다.

그의 예상은 완벽히 맞아 떨어져, 이 아이디어 상품은 큰 반향을 일으키며 순식간에 팔려 나갔다.

하지만 그는 여기서 중대한 실수를 범하고 말았다. 그는 아직 사업수완이 모자란 탓에 자신의 상품에 설명서를 첨부하지 않은 것이다.

벼에 이삭이 생기려면 충분한 햇볕을 받고 서리를

맞는 과정을 거쳐야 하는데 그 사실을 모르는 도시인들이 벼 포기를 집안에서 고이고이 길렀으니 이삭이 맺힐 리가 없었던 것이다. 이에 수많은 항의가 빗발쳤고 그의 사업은 중단되었다.

이토는 반품이 되어 돌아온 벼 포기들을 집 뒤뜰에 심어 두고 그 벼들을 보살피는 데 하루하루를 보냈다. 그러던 어느 날 그는 신기한 것을 발견하게 되었다.

'오호, 이것 봐. 이 녀석들의 뿌리가 얽혀 꼭 수세미 같아.'

그는 벼들의 뿌리를 보다가 재미있는 아이디어를 떠올렸다.

'이 얽힌 뿌리들을 목욕 타월 대신에 쓰면 어떨까? 억세지도 않고 부드러워 보이는데.'

그는 이 개구쟁이 같은 생각을 그대로 실천해서 당장 집에서 목욕타월 대신에 벼 뿌리를 쓰게 되었다. 감촉도 생각보다 좋아 나름대로 꽤 만족스러웠다.

"아니, 이토! 우유목욕이라도 했어요? 살결이 소년

처럼 뽀얗게 돼선…."

이웃집 남자의 악의 없는 농담에 이토는 슬그머니 웃었다. 안 그래도 자신이 느끼기에도 피부가 예전보다 매끈해지는 것 같은 터였다.

"호호 정말 이토 댁에 좋은 일이 있나 봐요. 얼굴도 반들반들한 것이."

말을 뒤이어 받은 이웃집 여인의 말에 이토는 마음속으로 작은 결심을 굳히고 있었다.

'그래. 분명 이번에 한 목욕이 다른 때와는 달랐던 거야. 혹시 그 벼 뿌리 때문이 아닐까?'

그는 반신반의하는 마음으로 벼 뿌리로 팔뚝을 문질러 보았다. 확실히 어떤 차이가 느껴졌다. 말로 형용할 수는 없지만 보다 매끄럽고 부드러워지는 느낌이었다.

'혹시?'

그는 벼 뿌리로 정수리 부분을 슬슬 문질러 보았다.

'혹시 또 몰라, 대머리가 되는 것은 두피가 건조하

기 때문이라니까, 두피가 부드러워지면 머리카락이
나게 될지도….'

이토는 머리카락이 듬성듬성 드물게 남아 있는 정
수리를 조심스럽게 매만지며 정성스럽게 벼 뿌리로
문질렀다. 그러는 동안 그의 마음은 점점 간절해져
갔다.

'제발 아주 조금이라도 머리카락이 났으면….'

그의 간절한 기도 때문인가, 한 달 후에 그는 이발
사로부터 반가운 인사를 듣게 되었다.

"축하해요 이토! 청춘이 돌아오는가 보군요. 머리
카락이 조금씩 나기 시작해요."

물론 이토는 이 말에 뛸 듯이 기뻐했다. 아마도 그
는 이 순간에 새로운 인생 사업의 시작을 계획하고 있
었을 것이다.

이토의 대머리 치료에 대한 소문은 여름 북풍만큼
이나 빠르고 신속하게 일본열도로 퍼져 나갔다. 그리
고 그 벼로부터 추출한 대머리 치료약에 대한 소문도

함께 퍼졌다.

드디어 이토의 대머리 치료약은 일반 대중에게는 물론 각계 전문 인사들에게까지 알려지고 급기야 대화장품 회사인 시세이도에 의해 상품화되기에 이르렀다.

이토 자신도 미처 생각지 못했던 엄청난 결과인 것이다. 평범한 한 농부의 화려한 변신이 눈부시게 펼쳐진 것이다.

지하철

　만물의 영장인 인간이 발명할 수 있었던 것은 뛰어
난 모방능력 때문. 새의 비행 능력, 박쥐의 레이더 능
력, 거미의 공학적 능력, 식물의 광합성 능력 등 자연

의 능력을 모방한 발명품들이 인간의 만물의 영장 자리를 지켜주고 있다.

지하철도 자연의 모방에서 비롯된 것 중 하나.

수송의 역사에서 이 기발한 아이디어를 처음 낸 사람은 영국인 찰스 피어슨. 찰스가 이 아이디어를 떠올린 것은 두더지의 구멍 때문이었다.

'모든 동물은 지상의 길로 다닌다. 그러나 두더지는….'

1843년 찰스는 런던 시의회에 세계 최초의 지하철도 시스템을 제안했다.

'미친 사람.'

런던 시의회는 거들떠보지도 않았다. 그러나 찰스는 지하철도의 중요성을 끈질기게 제안했고, 10년 후 런던 시의회는 찰스의 제안을 받아들이기로 결정했다.

세계 최초의 지하철도가 뚫린 곳은 파딩턴의 패린턴과 비숍스를 잇는 6킬로미터.

우여곡절 끝에 1863년 개통식이 성대하게 베풀어졌다.

새까만 연기를 자욱이 뿜어내면서 석탄 연료 증기기관차가 달리고, 메트로폴리탄 디스트릭트 철도의 상업운전이 개시되었다.

첫해만 해도 950만 명의 승객을 운송했다.

이어서 1890년에는 런던에서 처음으로 전기구동의 지하철이 생겨서 시내 어디에서나 2펜스면 탈 수 있게 되었다.

현재 런던 시 지하철이 거미줄처럼 발달될 수 있었던 것은 결코 우연이 아니었다.

이제 지하철은 도시인구의 폭발적인 증가와 함께 세계 각국에 뿌리를 내리고 있다.

특히 세계에서 가장 깨끗하고 우아한 모스크바 지하철역은 시원스럽게 넓고, 전체가 화강암으로 만들어져 있다.

또 가장 적중한 역은 뮌헨, 가장 체계적으로 설계된

역은 도쿄, 가장 난폭한 역은 뉴욕이라고 한다.

그렇다면 우리나라 지하철역은?

톱밥을 이용한 해양 유출기름 수거방법

2007년 12월 7일 태안 앞바다에 대량의 기름이 유출되는 사건이 일어나 세계를 경악시켰다. 언론이 앞다투어 내보낸 현장 사진 속에서 검은 기름을 뒤집어쓴 기러기 한 마리가 침묵의 시위라도 하듯 죽어 가고 있었다.

그 사건은 인간이 자연에게 얼마나 잔인할 수 있는지 보여준 것임과 동시에 기름유출이 해양 생태계에 얼마나 심각한 해를 끼칠 수 있는가를 단적으로 보여주는 것이었다.

다행히도 해양 오염에 대한 관심이 높아져 유출기름의 제거 작업이 활발히 연구되고 있지만, 무엇보다 중요한 것은 위에서 언급한 것 같은 불미스러운 사건이 다시 일어나지 않도록 방지하는 일일 것이다.

해양 유출기름의 제거 작업으로 가장 각광받는 방법은 톱밥을 이용하는 것이다. 이는 미국 콜로라도 광산대학의 연구교수인 토마스 리드에 의해 고안된 방법으로, 경제적이며 효과적인 방법으로 평가받고 있다.

'좋은 방법이 없을까?'

리드는 고통스러운 듯이 두 눈을 질끈 감았다.

그가 골몰하고 있는 과제는 바로 해양 유출기름 제거에 관한 것이었다. 일 년에도 서너 차례 이상 발생하는 대형선박 사고는 해양오염의 주범으로 지목되어 왔다.

사고 선박에서 흘러나오는 많은 기름은 수면 위에 막을 형성하여 걷잡을 수 없이 퍼져 나갔고, 그 피해를 알면서도 거대한 기름띠에 속수무책으로 당할 수밖에 없었다.

뒤늦게나마 그 심각성을 깨닫고 유출기름의 제거방법에 대한 연구가 진행되었지만 해답이 쉽사리 발견될 문제가 아니었다. 리드 또한 그 심각성을 먼저 깨달은 사람 중 하나로 꽤 오랫동안 이에 대한 연구를 진척시켜온 중이었다.

리드가 아득해지는 정신을 간신히 붙잡으며 고개를 들었을 때 주위는 온통 검은색으로 뒤덮여 있었다. 마치 기름을 잔뜩 뒤집어쓴 물고기나 된 듯, 그는 눈을 껌벅이며 주위를 둘러보았다.

점차로 주위가 환해지고 사물이 아득히 눈에 들어옴에 따라, 그는 자신이 소동의 한가운데에 있는 것을 깨달았다. 그가 잠시 넋을 놓고 있는 동안, 다툼이 있었던 모양으로 몹시 수선스러웠다.

바닥에는 깨진 술잔과 거품을 채 잃지 않은 맥주가 홍건했고, 아직 분이 풀리지 않는 듯 거칠게 숨을 내쉬는 두 사나이가 사람들에게 둘러싸여 있었다.

"젠장, 싸우려면 다른 곳에서 싸울 일이지!"

바텐더는 알 수 없는 욕을 지껄이며 바의 중앙으로 나왔고, 소동을 일으킨 사내들은 가게 밖으로 끌려 나갔다. 소동은 이제 가라앉은 듯 싶었다.

"어이! 청소하게 자리 좀 비켜줘!"

바텐더는 신경질적으로 소리를 지르곤 어질러진 바닥 위에 뭔가를 잔뜩 뿌렸다.

'뭘 하는 거지?'

리드는 세차게 머리를 흔들고는 그의 행동을 눈여겨보았다.

바텐더는 맥주로 더럽혀진 바닥에 뭔가를 잔뜩 뿌리고는 쓸어내는 일을 계속 반복하고 있었다. 그동안 향긋한 나무 향이 가게 안에 어지럽게 흩날렸다.

'맞아! 저건 톱밥이로군. 톱밥을 이용해서 맥주를 흡수하고.'

리드는 후각을 자극하는 나무 향으로 그 '뭔가'가 톱밥이라는 것을 알아챘다. 그 순간 그의 두 손이 감전된 듯 떨려왔다.

　'가만! 만약 바다 위에 떠있는 기름막에 저 톱밥을 뿌린다면?'

　그의 가슴이 마구 방망이질치기 시작했다.

　'기름을 빨아들인 톱밥을 걷어내기만 하면. 맞아! 틀림없이 성공할거야!'

　리드는 미친 듯 웃으면서 자리를 박차고 일어났다. 그의 머릿속에는 온통 톱밥과 기름, 넘실거리는 파도만이 가득 차 있었다.

　이 작은 사건이 일어난 지 약 한 달 후에, 리드는 톱밥을 이용한 유출기름 제거 방법을 완성하기에 이르렀다.

리드의 톱밥은 특수하게 열처리를 가한 것으로 물은 흡수하지 않고 기름만을 흡수하도록 하였는데, 그것은 자신의 부피의 80퍼센트까지 기름을 빨아들인다. 또한 유출기름의 제거가 끝난 톱밥은 회수할 경우 이로부터 원유를 다시 추출할 수 있다.

이런 여러 강점으로 인해 '시 스윕(Sea Sweep)'이라 불리는 이 특수 톱밥은 해양의 청정을 지키는 첨병으로 활약하는 것이다.

레이더

제2차 세계대전에서 연합군 승리에 큰 몫을 한 레이더는 전파를 이용한 물체탐지 장치로 영국의 왓슨 와트를 중심으로 한 레이더 연구진에 의해 발명된 것이다.

1943년 어느 날, 영국 공군에 소속된 과학 연구부의 윈페리스 연구부장실에 연구부원인 로가 들어왔다.

"와트 박사로부터 온 보고서를 가지고 왔습니다."

"그래? 어서 이리 주게."

윈페리스 박사는 로가 들고 있던 큰 봉투를 가로채듯 받아들었다. 보고서의 내용을 한참 읽고 난 윈페리스 박사의 얼굴은 심각해졌다.

"지금까지의 연구만으로는 살인 광선의 발명이 불가능하단 말이지."

윈페리스 박사의 침울한 표정을 본 로는 와트 박사에게서 들은 이야기를 덧붙여 전했다.

"저… 박사님, 그런데 와트 박사께서는 전파로 비행기를 떨어뜨릴 수는 없지만 비행기가 어디로 날고 있는지는 쉽게 알아낼 수가 있답니다."

"와트 박사가 그런 말을 했다는 말이요?"

"네. 분명히 그렇게 말씀하셨습니다. 전파를 이용하면 하늘을 나는 비행기의 위치를 알 수 있다고 하셨습니다."

로는 어느새 흥분한 어조로 계속 말을 했다.

"박사님, 이것이 성공하면 영국 영공에 침입한 적기는 모두 발견되어 격추당할 것입니다. 따라서 영국의 영공 방위는 거의 완벽해질 것입니다."

얼마 후, 영국 공군은 비밀리에 완성된 레이더의 실험에 착수했다.

노잔프턴이라는 마을의 도로 위에 포장을 친 평범한 트럭 한 대가 고장난 듯이 서 있었다. 바로 이 트럭 포장 속에는 복잡한 장치를 한 기계들과 함께 와트 박사를 비롯한 연구자들, 그리고 공군 소속의 장교들이 긴장한 채 기계를 응시하고 있었다.

"바로 이 시간입니다."

이 말이 떨어짐과 동시에 브라운관 옆에 놓인 발신기가 작동하기 시작했다.

전파는 안테나를 통해 사방으로 발사되었다. 얼마 후 틀림없는 비행기 소리가 멀리서 들려왔다.

"됐어! 붙잡았어!"

이때 와트 박사가 혼잣말처럼 중얼거렸다. 바로 그때 브라운관의 가로로 곧게 뻗은 빛 위에 곡선이 뚜렷하게 나타나기 시작했다.

이 곡선은 조금씩 가운데 쪽으로 옮겨지고 있었는데, 이것은 발사된 전파가 실험용 비행기에 닿아 다시 반사되어 기계로 돌아온 증거였다.

와트 박사를 비롯한 레이더 연구팀은 연구를 거듭한 결과 1936년 1월에는 120킬로미터 떨어진 먼 하늘에서 비행하는 비행기의 동작을 포착하는 레이더를 만들게 되었다.

지퍼

지퍼는 지트슨이라는 사람이 처음 만든 것이다. 그는 외출할 때마다 몸을 숙여 일일이 구두끈을 매야 했던 번거로움이 너무 싫어서 지퍼를 고안하게 됐다.

지트슨의 지퍼는 1893년 시카고 박람회에 출품되어

주목을 받았다.

지트슨이 구두끈을 매기 귀찮아서 구두끈 대용으로 쓰기 위해 발명한 지퍼가 시카고 박람회에 출품됐을 때 구경꾼 가운데는 워커라는 육군 중령이 있었다. 그는 그것을 보자 곧바로 지트슨에게 달려들어 그것을 사겠다고 했다. 그러나 지퍼의 편리함을 대중적으로 하기 위해서는 지퍼의 값을 싸게 해야 했고, 그러자면 지퍼를 자동으로 만들 수 있는 기계도 발명해야만 했다.

그것은 대단히 어려운 일이었다. 지퍼는 발명되었으나 지퍼를 만들 기계가 발명되지 않아 지퍼는 무용지물이나 마찬가지였다. 워커는 지퍼 자동제조기계를 발명하기까지 19년이라는 결코 짧지 않은 시간을 소비해야만 했다.

고통의 시간에도 불구하고 이번에는 누구도 그의 기계를 거들떠보지 않았다. 결국 그는 지칠 대로 지쳐버렸다.

'손해를 봐도 어쩔 수 없다. 이 기계를 이젠 더 이상 보고 싶지도 않으니까 빨리 팔아치워야겠어. 얼마나 정성을 쏟았고 얼마나 많은 시간과 노력을 투자한 것인데 아무도 알아주지 않다니….'

그러나 기계를 사겠다고 선뜻 나서는 사람은 없었다.

그러던 어느 날이었다. 브루클린에 사는 어느 양복점 주인이 이 기계를 보게 되었다.

'이거 괜찮은데? 구두끈으로만 쓰기에는 정말 아까워. 어디 달리 쓸모가 없을까? 그렇지? 복대의 지갑주머니 입구에 붙이면 아주 제격이겠는데?'

양복점 주인은 워커를 찾아가 아주 싼 가격에 그것을 사들였다. 양복점 주인의 생각은 바로 적중했다.

결국 발명자가 손해를 보면서 팔아치운 것을 가지고 그 양복점 주인이 간단한 아이디어 하나를 더해 성공을 거두게 된 것이다.

양복점 주인은 계속 아이디어를 냈고 그는 그것을 해군복에도 붙여 군대에 팔기도 했다. 그것 또한 크게 성공을 거두었다. 발명가가 19년간 피나는 고심을 했어도 이루지 못한 것을 양복점 주인은 아이디어를 내어 실천하는 데 단 2시간밖에 걸리지 않은 것이다.

그 후 1921년 굿리치 회사는 이 지퍼를 점퍼에 붙여 상품화할 것을 생각해냈다. 지퍼 달린 점퍼가 판매되기 시작하자 온 미국으로 '지퍼'가 불붙은 듯 퍼져 유행하기 시작했다. 덕분에 굿리치 회사는 눈 깜짝할 사이에 유명해졌다.

소형 영사기

　소형 영사기 시대를 연 사람은 일본의 목공이었던 사카키 히데노브였다.

　1919년 어느 화창한 여름날이었다. 목공소 주인은 사진기를 만지고 있었다. 사카키는 그 앞을 지나가다 사진기에 눈이 멈추었다.

"사카키, 이 사진기에 관심이 많은가 보구나. 이리
들어오너라."

사카키는 몹시 기뻐하며 아주 즐겁게 사진기에 대
해 배웠다. 그는 총명하고 진지해서 주인이 놀랄 정도
로 빠르게 이해했다.

'사진기란 것은 정말 신기해. 아주 섬세하기도 하
고. 이것을 내가 직접 만들 수는 없을까?'

사카키의 열정은 사진기를 직접 만들어 보겠다는
생각에까지 이르렀다. 어느새 그것은 그의 소중한 꿈
이 되었다.

'지금 당장은 사진기를 만들지 못하니 먼저 사진 용
구를 제작해 보자.'

이렇게 다짐하고는 각종 사진 용구를 시중에 내다
팔았다. 1921년에는 사카키 상회를 세우고 본격적으
로 사진 용구 제조업을 시작했다. 사업은 날로 번창하
였지만 사카키는 이에 만족하지 않았다.

'내가 사진업을 하면서 쌓은 이 기술을 이용하면 더 독창적인 사업을 할 수 있을 거야.'

그는 스스로에게 이렇게 다짐하며 새로운 기술 개발에 힘을 쏟았다. 바로 이때를 맞추어 무성영화 바람이 불기 시작했다. 새로운 기술을 애타게 기다리던 사카키로서는 정말 좋은 기회였다.

'영사기라, 정말 좋군, 아이들을 가르치는 데 이용하는 것도 좋겠어.'

생각이 이에 이르자 사카키에게는 기막힌 사업계획이 떠올랐다.

'그래 맞아! 어느 장소에서도 상영할 수 있도록 작은 영사기를 만드는 거야.'

그는 명쾌하게 결정하고 일을 추진해 나갔다. 여러 가지 사전 지식과 사진기에 대한 기술을 터득하고 있었기 때문에 사카키는 자신 있게 사업을 진행시킬 수 있었다. 그리고 결국 1926년에 소형 영사기를 생산하는 데 성공하였다.

사카키가 만든 35밀리미터 영사기는 당시 세계시장에 내놓아도 손색이 없을 정도로 뛰어난 작품이었다. 그의 영사기는 세계 각국으로 팔려 나갔고, 그의 기업은 소형 영사기 제조업체로 명성을 날렸다.

사카키는 스물아홉 살의 젊은 나이로 일본에서 알아주는 기업인으로 성장하였다.

제3부

작은

아이디어로

황금방석

깎지 않는 연필

'깎지 않는 연필'. 이것은 칼로 일일이 깎아서 써야 했던 나무로 된 연필에서 한 단계 더 발전한 획기적인 발명품이다. 이 필기구가 발명된 지는 50여 년이 채 안 됐지만, 지금까지도 많은 사람들의 꾸준한 사랑을

받고 있다. 이 발명품의 주인공은 타이완의 홍려.

홍려는 대장장이였던 아버지의 일을 도우면서 어릴 때부터 여러 가지 기술을 익혔다. 그 덕분인지 수많은 발명품을 발명해 냈다.

하지만 불운하게도 그의 발명품은 대부분 사람들의 주목을 받지 못했고, 따라서 생활도 더욱 궁핍해져 갔다. 하지만 발명을 멈출 수는 없었다.

그 날도 연구에 몰두하던 홍려는 연구 과정에서 순간적으로 떠오르는 새로운 아이디어를 기록해 두느라고 종이를 수십 장이나 채워 가면서 밤을 지새고 있었다.

그러자니 자연히 연필이 자주 부러지기 일쑤였다. 그는 연구과정을 기록하다 말고 또다시 부러진 연필을 든 채 투덜거렸다.

'새로운 생각이 막 떠오르면 부러진 연필부터 다시 깎아야 하니…. 이렇게 번거로워서야 어디 연구를 계속할 수 있겠나?'

칼을 집어 연필을 깎던 홍려는 몸에 밴 관찰력으로 연필을 뚫어지게 쳐다보고 있었다.

칼자국이 한 번 생길 때마다 연필심이 조금씩 길어지는 것을 본 홍려는 무릎을 쳤다.

'그래, 깎지 않고도 연필심을 조금씩 올라가게 할 수 있다면, 이렇게 자주 연필을 깎는 번거로움도 없을 테고 손을 베지도 않을거야.'

이 결심 이후 홍려는 밤낮으로 연구를 계속했다. 하지만 연구가 계속될수록 어려움은 커져 갔다. 쉽고 간단하게 끝낼 수 있으리라고 생각했는데, 연필심을 자유롭게 조절할 수 있는 방법이 도무지 떠오르지 않는 것이었다.

어느 날 아침, 홍려는 이를 닦으려고 치약을 짜내던 도중에 환호성을 질렀다.

"이거다, 이거야! 내가 왜 진작 이 생각을 못했을까? 아침마다 치약의 꽁무니를 눌러 짜면서도 왜 여태 연구의 실마리를 못 찾았을까?"

치약의 뒷부분을 눌러 치약을 짜내는 원리를 자신의 깎지 않는 연필에 응용할 생각에 이르자, 그는 이도 닦지 않은 채 연구실로 향했다.

그리고 며칠 후, 홍려는 마침내 깎지 않는 연필을 만드는 데 성공했다.

그 구조는 연필심을 카트리지에 끼우고, 그것을 속이 빈 플라스틱 파이프에 한 줄에 열 개씩 넣은 것이 전부였다.

끝의 심이 다 닳으면 카트리지를 빼고, 그것을 파이프의 꽁무니에서 누르면 두 번째 심이 나오게 되어 있었다.

이 연필이 특허 등록되자, 한 문구 회사 사장은 홍려에게 2억 원에 이 특허를 팔 것을 제안했다.

이 때가 1972년이었다.

특허권 양도계약은 순조롭게 이루어졌고, 특허권을 판 홍려는 물론 특허권을 사 사업화를 이룬 문구 회사 역시 돈방석에 앉을 수 있었다.

종이컵

편리함을 추구하는 인간의 소망은 언제나 새로운 것을 필요로 한다. 그런데 바로 그 필요성이 발명을 낳는 원동력이 되기도 한다. 흔히 말하는 '필요는 발명의 어머니'인 것이다. 어떻게 보면 엉뚱하기 짝이 없는 아이디어로 만들어진 세계적인 발명품, 종이컵도 필요에 의해 만들어진 것이다.

바쁜 현대 생활에서 흔히 볼 수 있는 음료 자판기. 이 음료 자판기 시대가 가능했던 것도 종이컵이 있었기 때문이다.

음료 자판기 시대를 꽃피운 종이컵은 누가 발명했을까? 미국 캔자스에서 태어난 휴그 무어란 사람이다.

| 휴그 무어

그는 1907년 하버드대학에 입학할 때까지만 해도 발명과는 전혀 관계없는 지극히 평범한 학생이었다.

그런 그가 종이컵을 발명하게 된 것은 발명가였던 형 때문이었다. 당시 형은 생수 자판기를 발명해 이름을 떨치고 있었다.

그런데 형의 발명품에는 큰 문제가 있었다. 그것은 생수 자동판매기에 사용되는 컵이 유리컵이라는 점이었다. 이 유리컵은 너무나도 쉽게 깨졌다.

그러자 처음에 잘 팔리던 자판기는 차츰 인기가 시들해졌다. 그때부터 형의 고민은 커져 갔다. 휴그 무어는 딱한 형의 처지에 귀를 기울이기 시작했다.

'유리컵이 쉽게 깨지는 단점이 있다면, 깨지지 않는 컵을 사용하면 될 텐데….'

정말 간단한 생각이었다. 그러나 생각만 간단할 뿐 실제 연구는 쉽지 않았다.

휴그 무어는 논리적으로 차근차근 생각하며, 문제점을 검토하고 해결 방안을 찾기 시작했다.

'깨지지 않는 것? 종이? 그래, 종이로 컵을 만들면 좋겠다. 가볍고 깨지지도 않을 테니까…. 그러나 종이는 물에 젖으면 그대로 찢겨 버리지. 그러면 어떻게 하면 찢어지지 않게 할 수 있을까?'

그는 자신이 알고 있는 과학 지식을 총동원했다. 마침내 그는 물에 쉽게 젖지 않는 종이를 찾아내는 데 성공했다. 그것이 바로 테블릿 종이였다.

물에 젖지 않는 종이컵을 발명해 낸 휴그 무어는 그 후 대학을 그만두었다. 그리고는 형이 발명한 생수 자판기를 곳곳에 설치하고, 그 자판기에 유리컵 대신 자신이 발명한 종이컵을 준비했다. 그러나 곧 시련이 다가왔다.

생수 장사만으로는 회사 운영이 되지 않았던 것이다.

그 무렵 한 자본가가 그를 찾아와 반가운 제안을 했다.

"20만 달러를 지원하겠으니, 종이컵만 전문으로 생산하는 회사를 차리는 것이 어떻겠소?"

휴그 무어는 그의 제의를 기꺼이 받아들였다. 이후 종이컵은 불티나게 팔려나갔다.

그런데다 뜻밖의 행운까지 겹쳤다. 민간보건연구소 사뮤엘 크럼빈 박사가 그의 종이컵을 '위대한 발명'이라는 연구 결과로 발표한 것이다.

박사는 이 발표를 통해

| 1920년대 휴그 무어의 종이컵 회사에 설치된 '종이컵 모양의 워터타워'

"인간을 바이러스로부터 구하는 길은 오직 일회용 컵을 사용하는 것뿐이다"라고 강조했다. 그 후 종이컵은 더욱 각광을 받게 되었다.

종이컵으로 큰 돈을 모은 휴그 무어는 1920년에 아이스크림을 담을 수 있는 일회용 종이 그릇을 발명하기도 했다.

인공조미료

'약방에 감초'라는 말이 있다. 한약을 지을 때 빠지지 않고 꼭 들어가는 것이 감초라 해서 생겨난 말인데, 요즘은 음식에도 약방에 감초처럼 꼭 들어가는 것이 있다.

우리나라에서는 미원이나 미풍이라는 이름으로 알

려진 아지노모토라는 화학조미료가 바로 그것인데, 이는 음식 맛에 혁명을 불러일으키기에 충분한 것이었다.

조미료의 대명사로 일컬어지는 이 아지노모토는 저녁 식탁에 오른 하찮은 다시마 국물에서 힌트를 얻어 발명된 것이어서 더욱더 화제가 되기도 했다.

발명가는 맛의 연금술사로 불리는 일본의 이케다 박사이다.

1908년의 어느 날 저녁이었다. 저녁 식사를 하던 이케다 박사가 갑자기 아내에게 물었다.

"이 국물 맛이 아주 기가 막히구려. 도대체 이것이 무슨 국물이오?"

"아, 네 이거요? 이건 다시마 국물인데요, 맛이 괜찮죠?"

음식의 맛을 보면서 이케다 박사는 머릿속으로 기발한 착상을 번개처럼 떠올리고 있었다.

'인류가 아직까지 미처 발견하지 못한 어떤 기막힌

맛이 다시마 속에 숨어 있는 게 분명해.'

박사다운 그의 호기심은 결국 그 맛의 정체를 밝혀 내기로 마음먹게 하였다.

이케다 박사는 우선 다시마를 물에 삶아 다시마 국물을 한 솥 만들었다. 이런 첫 절차는 박사가 아니더라도 충분히 생각할 수 있는 것이니 만큼, 그는 다량의 다시마를 구해 요리를 하듯 많은 다시마 국물을 만드는 데 정성을 쏟았다. 그리고 난 후 그 국물에 계속 열을 가해 수분을 완전히 증발시켰다.

몇 시간이 지나자 수분은 완전히 증발하고 하얀 소량의 침전물이 솥에 남아 있었다. 그 침전물은 다시마 표면에 붙어 있던 흰 가루였다.

이케다 박사는 마음을 가라앉히고 다시 솥에 열을 가했다. 그것은 소금이었다. '그래, 이렇게 조금씩 단계를 밟으면 결국 그 맛의 정체는 드러나고 말거야. 여기서 중단하는 것은 말도 안 되지.'

흰 가루와 소금을 제거하고 또다시 솥에 열을 가했

다. 계속 여러 가지 요소로 분류하기를 수차례나 거듭했다. 그리고 나서 맨 마지막으로 남은 쌀 모양의 결정체.

그는 즉시 이 쌀 모양의 결정체의 성분을 화학적으로 분석해 보았다. 글루타민산 소다, 맛의 비밀은 다름 아닌 글루타민산 소다였던 것이다.

박사였던 이케다에게 글루타민산 소다를 만드는 것은 결코 어려운 일이 아니었다. 밀 등에 들어 있는 단백질을 염산으로 분해하면 되는 것이었다.

모발용 세척제(샴푸)

　최근 들어 공해의 주범으로 지목되어 역사의 뒷장으로 자취를 감추기 시작한 샴푸. 그러나 이 샴푸도 세계적인 발명품으로 일본의 여류 중소기업인 '다케

우치 고도에'를 중견기업인의 대열에 올려놓았다.

다케우치는 양털 세척액을 제조 판매하는 작은 중소기업을 운영하는 열성주부. 바쁜 생활 속에서도 아내와 어머니로서의 책임도 잊지 않은 현모양처형 기업인이었다.

제2차 세계대전 후 양털 수요가 늘어나면서 그녀의 사업도 활기를 띠었다.

양털은 깨끗이 세척하여 오물을 완전히 제거해야 상품으로 인정받을 수 있으므로 세척액은 생산되기가 무섭게 팔려 나갔다.

그녀의 양털 세척액 공장은 원료를 혼합하는 혼합기계와 혼합된 완제품을 담아 포장하는 몇 명의 공원이 전부. 그녀는 공장관리와 영업활동으로 눈코 뜰 새가 없었다.

그러나 아이들을 돌보고 남편을 내조하는 것은 피로 속에서도 즐거움이었다.

아침이면 어김없이 가정주부로서 손색이 없었고,

낮이면 기업을 운영하는 경영인으로서, 퇴근 후면 또다시 가정주부로서 완벽하게 임무를 해내는 그녀야말로 슈퍼우먼이었다.

그러던 어느 날, 아이들이 돌같이 단단한 비누로 머리를 감는 것을 발견한 다케우치의 머릿속에 기발한 착상이 떠올랐다.

'양털처럼 물로 된 세척제로 감는다면 얼마나 편리할까?'

그녀의 머리는 급속하게 돌아갔다.

'그래, 가능한 일이야.'

그녀는 자신이 만들고 있는 양털 세척액의 성분을 분석해 보았다.

세척력은 손색이 없었고, 문제는 인체에 해로운 소량의 독성이었다.

'독성을 제거하고 향료만 첨가하면 되겠구나.'

생각이 여기에 이르자 다음 단계는 순조롭게 진행되었다.

전문서적 속 지혜만으로도 독성 제거 및 향료첨가는 가능했다.

'모발용 세척제 탄생.'

샴푸의 발명을 알리는 기사는 극찬을 서슴지 않았고, 샴푸는 생산되기가 무섭게 팔려나갔다.

다케우치가 중견기업인으로 부상하는 것은 시간문제였다.

접착테이프

생활 구석구석에서 활용되고 있는 접착테이프는 누
구의 발명품일까?

바로 작은 오케스트라에서 밴조를 켜다가 문구용품

을 취급하는 3M사의 보조사원으로 입사한 미국인 리처드 돌의 작품이다.

입사 후 돌이 처음으로 맡은 일은 제품판매원. 자동차 수리 센터를 돌며 샌드페이퍼를 파는 것이 그의 일과였다. 당시에는 자동차가 귀했기 때문에 칠이 군데군데 벗겨질 정도로 낡은 자동차라도 다시 칠해 굴리는 것이 상례였다.

차체를 다시 칠하기 위해서는 먼저 샌드페이퍼로 페인트를 말끔하게 벗겨야만 했는데, 돌은 바로 여기에 필요한 샌드페이퍼를 팔려고 수리 센터를 전전했던 것.

당시에는 지금과 달리 차체를 두 가지 색깔로 장식하는 게 유행이었다.

우선 한 가지 색을 칠한 다음 그 부분을 종이로 덮고 남은 부분에 다른 색을 칠하는 것이 도색작업의 순서. 때문에 경계부분에서 번번이 종이 틈으로 페인트가 스며들어 작업을 망치기 일쑤였다.

'페인트가 번지는 것을 효과적으로 막을 방법이 없을까.'

여기서 돌이 생각해 낸 것이 바로 꼭 달라붙어 페인트가 배어들 틈이 없는 테이프.

6개월에 걸친 200여 회의 실험 끝에 아교와 글리세린을 배합한 강력한 접착용 풀을 만들어냈다.

그런데 또 문제가 발생했다. 상품화를 위해선 이것을 둘둘 말아 쓸 수 있는 종이가 필요한데, 걸맞는 소재를 발견할 수 없었던 것.

그런 상태로 1년 6개월이 지나자 지친 나머지 3M사는 돌에게 연구 중단을 명령, 모든 것은 원점으로 돌아갔다.

바로 그날 돌은 너무도 가까운 곳에서 해결의 실마리를 찾았다.

페인트를 벗기는 데 사용하던 샌드페이퍼를 만드는 종이가 바로 그 해답. 두껍고 질긴 이 종이는 둘둘 말아도 풀리지 않아 강력한 접착력을 그대로 보존해 주는 받침대 역할을 훌륭히 소화해 냈다.

'감압 접착테이프'라는 이름으로 특허출원이 이뤄지고, 뒤를 이어 이를 응용한 공업 및 의료용 반창고도 속속 발명됐다. 이때가 1925년. 돌은 입사 4년 만에 책임연구원으로 승진했고, 3M 사는 이후 5년 동안 연간 50~70만 달러의 순이익을 올려 대기업으로 성장했다.

1930년 1월, 전 세계가 대공황에 빠졌을 때도 3M사만은 호황을 누렸다는 사실은 그 인기가 어떠했는가를 단적으로 보여주고 있다.

워크맨

소형 카세트 플레이어의 대명사가 된 워크맨. 일본 기업을 서구에 뿌리내리도록 한 일등공신 워크맨은 어떻게 태어났을까? 그 놀라운 성능만큼 흥미로운 발명일화가 숨어 있다.

거리를 소리 없는 음악으로 가득 메우고 있는 워크맨은 실상 실패한 아이디어로부터 비롯됐다.

처음 워크맨의 본체를 개발한 사람은 소니의 연구개발원인 이라 미츠로. 그는 당시에 유행하던 테이프 레코더인 프레스맨을 개조해서 신상품을 만들 작정이었다.

크기가 아담하고 스테레오 음을 내는 테이프 레코더를 만들겠다는 것이 그의 계획이었다. 그러나 애초의 계획은 간데없이 녹음기능이 빠진 이상한 형태의 제품이 나오고 말았다.

당시의 테이프 레코더들은 거의 신문기자들이 인터뷰 녹음용으로 활용하던 것이었기 때문에 녹음기능이 없다는 것은 알맹이가 빠진 격이나 다름없었다. 결국 이라 미츠로의 모처럼만의 역작은 사라질 위기에 놓이고 말았다.

바로 이때 우연히도 이 작은 물건이 소니의 회장인 이부카의 눈에 띄었다. 그는 여기서 누구도 흉내 내지 못할 기발한 아이디어를 냈다.

"테이프 레코더라 해서 꼭 녹음하는 데 사용하란 법
이 있을까? 음질만 좋다면 음악을 듣는 것만으로 사용
할 수도 있을 거야!"

이부카는 카세트 플레이어가 내는 훌륭한 음질에
착안하여 상식을 뒤엎는 아이디어를 배출한 것이다.
그는 당시 함께 연구 중이던 헤드폰을 이 플레이어와
연결하여 새로운 상품을 내도록 지시했다. 정말 파격
적인 시도였다.

처음 이 사실이 알려졌을 때, 관계자들의 반응은 냉
담했다. 실험실에서조차 실패작이라고 낙인찍힌 물
건이 대중에게 대접을 받을 수 있겠냐며 냉소를 머금
었다. 녹음이 안 되는 카세트 플레이어는 있을 수 없
다고 그들은 차갑게 외면했다.

그러나 대중의 반응은 놀라웠다. 시장에 나오자마
자 불티나게 팔려 나갔다. 심지어는 외국에서 이 제품
을 사기 위해 일본을 찾을 정도였다. 이 덕분에 소니

는 당당 세계 일류기업으로 발돋움할 수 있었다.

이라 미츠로의 발명정신과 이부카의 상식을 뛰어넘는 아이디어 개발. 시대의 명물 워크맨은 이 두 사람의 능력이 하나가 되어 탄생했다.

'구태의연한 자세로는 아무것도 이루지 못한다. 도전하는 자세만이 결과를 얻을 수 있다.'

이부카와 이라 미츠로는 우리에게 이렇게 말하고 있다.

적외선식 버너

일본의 가스기구 전문 제작업체 린나이. 이 회사의 성장과정은 일본 업계에서는 거의 신화처럼 이야기되고 있다. 이 회사의 사장이었던 나이토 스스무는 남보다 뛰어난 판별력과 결단력으로 오늘날의 린나이를

탄생시켰다.

초창기 린나이는 규모가 매우 작은 보잘것없는 공장에 지나지 않았다.

'한 종목에 집중하여 새로운 기술을 개발해야 해. 그래야만 살아남을 수 있어.'

그러나 유감스럽게도 당시의 기술수준으로는 새로운 기술개발은 어림도 없었다. 드디어 새로운 기회가 그에게 찾아왔다.

1955년이었다. 나이토는 산업 시찰단 일행이 되어 서독을 방문하였다.

나이토는 독일의 발명가 슈방크가 고안해 낸 표면 연소식 가스버너 발표회에 참석하였다. 그는 그 자리에서 슈방크의 가스버너가 지닌 우수성을 바로 깨닫고, 그 기술을 도입해야겠다고 생각하였다.

'돈이 얼마가 들든지 간에 저 기술을 도입해야겠어.'

그는 발표장을 빠져나오면서 굳게 결심했다. 그러나 기술도입 과정은 까다롭기만 했다. 슈방크는 기술

이전 대가로 약 2억 엔의 로열티를 요구했다.

이 금액은 린나이사를 좌지우지할 수 있는 거액이었다. 게다가 정부 시책에도 어긋나는 액수였다. 이 때문에 주변에서는 모두들 이 결정에 우려의 뜻을 나타냈다. 하지만 나이토의 생각은 아주 단호하였다.

결국 기술도입을 반대하던 사람들도 그의 결정에 따르게 되었다. 이리하여 1957년, 극적으로 기술도입 계약이 체결되었다.

슈방크의 가스버너는 아주 획기적이었다. 그것은 기존의 점화식이나 분젠식 버너의 결함을 모두 개선한 제품이었다. 하지만 이 기계 또한 완벽한 것은 아니었다.

슈방크 버너는 공업용으로 개발된 것이어서 가정용으로 사용하기에는 매우 부적합한 것이었다. 따라서 시중에 내놓기 위해서는 많은 개선이 필요하였다. 바로 이 과정에서 나이토의 기술개발 능력이 유감없이 발휘되었다.

그는 스토브에 사용되는 세라믹 플레이트를 개선하여 강도를 높이고, 복사열의 효율을 높였다. 또한 공기 보급률을 적절히 조절하여 점화 후 최대한 빨리 필요한 열을 낼 수 있도록 고안했다.

이것은 가스버너 기술에서 올린 또 한번의 개가로서, 적외선식 버너 시대의 개막을 알리는 것이었다.

귀에 꽂는 전화기

　　앉으면 눕고 싶은 것이 인간의 본성이라고 하더니,
편리에 대한 인간의 욕심은 한도 없고 끝도 없는 것
같다.

다이얼 전화기에서 무선전화기를 만들어 내더니, 더 욕심을 부려 휴대용 전화기까지 개발해 온 거리를 공중전화 박스로 만들고, 급기야는 수화기가 없는 전화기까지 개발하였다.

일명 '전화기 없는 휴대용 전화기.'

이 전화기를 개발한 주인공은 일본 대학입시 센터 특별 시험연구반에서 근무하는 오노 히로 교수.

'아주 작은 휴대용 전화기를 만들 수는 없을까?'

와이셔츠 주머니에 쏙 들어가는 전화가 나왔다느니, 혼선이나 잡음이 없는 전화기가 드디어 시판에 들어간다는 광고가 판을 쳐도 오노는 늘 불만스러웠다. 아무리 작은 전화기이니 새로운 기능의 놀라운 휴대 전화라 해도 늘상 일정한 틀을 벗어나지 못하고 있었기 때문이다. 그는 약간의 개선을 거친 전화기를 원하는 것이 아니라, 아주 파격적인 형태를 바라고 있었다.

예를 들어 전화기의 크기에 대한 문제도 약간 작아

지는 데 만족하지 않고, 전혀 존재감을 느끼지 못할 정도로 작은 크기가 필요하다고 생각하고 있었다. 그래서 그는 자기가 직접 전화기 개발에 나설 결심을 하기에 이르렀다.

오노가 새로운 전화기의 모델로 삼은 것은 이어폰. 그는 학생들이 이어폰을 착용하고 공부하는 모습에 착안하여 새로운 전화기의 모습을 그려 나갔다.

그러나 그 계획은 너무나 막막하기 짝이 없었다. 이어폰과 같은 크기의 전화기를 만든다면, 휴대하기 편할 뿐만 아니라, 일을 하는 도중에도 별 불편 없이 자유롭게 통화를 할 수 있는 등 여러 가지 장점이 있지만, 막상 시작을 하려 하니 모든 것이 캄캄했다. 마치 서울에서 김 서방을 찾는 격이었다.

'이렇게 아무렇게나 덤벙댈 것이 아니라, 먼저 관련 자료부터 모아 보자.'

오노는 한참을 방황하던 끝에, 문제의 주변을 훑는 일에 착수했다. 기술에 있어서 문외한이라고는 하나

문제의 해결방법을 찾아가는 데 있어서는 아주 현명한 선택을 한 것이었다.

이렇게 자료를 수집하고 분석하는 과정에서, 그는 자연스럽게 문제의 핵심에 다가갈 수 있었다. 그리고 더불어 자신감을 부록으로 얻게 되었다. 이를 바탕으로 얼마 후엔 해답이 아주 가까운 곳에 있다는 사실도 깨달았다.

'사람이 말을 할 때는 귀 뼈와 귓구멍에 진동이 일어나는구나. 그렇다면 이 진동을 감지하여 음성으로 변환시킬 수는 없을까?

오노는 기존에 개발된 기술과 이론을 정리하는 동안 음성의 전달체계까지 일정한 지식을 취득하게 되었고, 이를 바탕으로 놀라운 가설을 만들어 낼 수 있었다.

귀 뼈와 귓구멍에서 일어나는 진동을 진동탐지센서를 이용하여 음성으로 전환하여 상대방에게 전달하는 것. 이 가설이 가능한 것으로 드러나면서 오노의 연구는 일사천리로 진행되었다. 꿈의 전화기가 그 실체를 드러내게 된 것이다.

오노의 전화기는 크기뿐 아니라 기능에 있어서도 파격적인 발명품이다. 이어폰 마이크에 내장된 미니 스피커로 상대방 음성을 알아듣기 때문에 공사현장 같이 아주 시끄러운 곳에서도 충분히 통화를 할 수 있다.

또 반대로 진동으로 목소리를 전달하는 방식이므로 아무리 작게 말해도 상대방에게 또렷이 전달될 수 있다. 따라서 회의 장소나 음악회 같은 곳에서도 통화가 가능하다는 것이다.

지우개 달린 연필

수학에서 1+1=2다. 하지만 발명에서는 하나에다 하나를 더한 것이 때때로 무한대를 만들기도 한다.

우리가 무심코 사용하는 '지우개 달린 연필'이 바로 이런 발명의 대표적인 사례이다.

가난한 화가지망생이자 열다섯 살짜리 소년가장이었던 하이만이 이 작품을 고안해낸 것은 1867년 7월.

당시 미국 필라델피아에 살고 있던 하이만은 지독한 궁핍 속에서 병든 홀어머니를 간호하며 먹고 살기 위해 그림 그리기에 몰두했다. 그러나 대화가의 꿈은 자꾸만 시들어 가고 냉혹한 현실만 그를 몰아세웠다.

어느 추운 겨울날 마침 그는 여느 날과 다름없이 일찍부터 열심히 데생작업을 하고 있었다.

오전 중으로 그림을 완성해 내다 팔아야 끼니를 이을 수 있기 때문이었다.

그런데 작은 사고가 생겼다. 데생이 잘못돼 지우고 다시 그려야겠는데 도무지 지우개를 어디에 두었는지 생각이 나질 않았다. 온 방안을 샅샅이 뒤졌으나 지우개는 끝내 찾을 수 없었고, 결국 이날은 한 장의 그림도 그려내지 못했다. 유난히 건망증이 심했던 하이만에게 종종 일어나는 일이었다.

다음 날부터 그는 지우개에 실을 꿰어 연필에 매달

아 사용해 보았다. 잃어버릴 염려는 없었지만 연필을 사용할 때마다 지우개가 덜그럭거려 여간 불편한 게 아니었다.

그러던 어느 날 외출을 하기 위해 모자를 쓰는 순간 거울 속에 비친 자신의 모습에서 반짝이는 영감을 얻었다.

'지우개를 연필의 머리부분에 모자 씌우듯 고정시키면 잃어버릴 염려도 없고 편리하게 사용할 수 있겠구나!'

서둘러 양철조각을 구해 연필과 지우개를 접속시켜 보았더니 고민이 말끔히 해소됐다.

친구의 도움으로 특허출원을 마친 하이만은 리버칩 연필회사 사장을 찾아갔다. 사장은 매년 5,000달러씩 주는 조건으로 하이만의 특허를 사들였다.

지우개가 달린 연필은 나오기가 무섭게 날개 돋친 듯 팔려 나갔다.

하이만은 이 작은 '1+1의 발명철학'으로 아틀리에

를 세우고 마음껏 그림을 그려 드디어 국전에 입선했
다. 또 노하우를 사들인 리버칩 연필회사는 단비 맞은
죽순처럼 쑥쑥 자라 가내공업 수준에서 일약 세계제
일의 연필회사로 발전할 수 있었다.

레인코트

  사람들은 '버버리' 하면 대부분 봄가을에 입는 가벼운 코트를 생각한다.

  그러나 버버리는 레인코트를 만드는 옷감인 개버딘을 발명해 특허를 받은 발명가의 이름이자 상표이고,

레인코트가 변하여 버버리라는 코트가 탄생된 것이다.

발명가 토머스 버버리는 영국 사람으로, 당시 벌써 수십 가지의 발명에 도전해 특허까지 받았으나 어느 것 하나 상품화에 이르지 못해 전전긍긍하고 있었다. 그러던 어느 해 봄날, 봄을 재촉하기라도 하듯 봄비가 하루 종일 부슬부슬 내리고 있었다. 버버리는 이날따라 할 일이 많았다. 어쩔 수 없이 자동차 튜브 같은 고무로 만든 레인코트를 입고 하루 종일 돌아다녔는데, 여간 무겁고 불편한 게 아니었다.

하루 일을 마치고 나니 온몸이 습기와 땀에 젖어, 한 마디로 기진맥진이었다.

'레인코트를 고무로만 만들어야 되나? 좀 더 가벼운 방수옷감으로 만들면 한결 가볍고 편리할 텐데….'

순간, 버버리는 방수옷감을 만들면 틀림없이 성공할 것 같은 생각이 들었다.

버버리의 연구는 일사천리로 이어졌고, 그 생각은 어김없이 적중했다. 바로 인공 고무섬유로 짠 방수옷감 개버딘을 발명한 것이다.

그가 만든 레인코트가 등장하자 시장이 벌컥 뒤집혔다. 방수가 되는 옷감으로 만든 레인코트의 출현은 당시로서는 획기적인 일이었다. 개버딘은 여름에는 시원하고 겨울에는 따뜻할 뿐만 아니라 습기에도 강해서, 습한 영국 기후에는 더없이 알맞은 옷감이었기 때문이다.

이 레인코트는 드디어 군인들의 참호에서 입는 트렌치코트로까지 채택되었고, 인기가 하늘 높은 줄 모르고 치솟았다.

이 소식은 영국 국왕인 에드워드 7세에게까지 알려져 왕족들도 즐겨 입게 되었고, 비가 오지 않는 날에도 즐겨 입는 코트로 자리매김하였다. 덕분에 발명가 버버리는 영국 왕실 지정 상인이 될 수 있었고, 왕족 못지않은 부와 명예를 누릴 수 있었다고 한다.

이후 버버리 코트는 남극 탐험가 아문센, 대서양 횡단자 올콕 경, 유럽 각국의 왕족 및 명문가, 심지어 할

리우드 스타들까지 애용하며 세계인의 사랑을 받게
되었고, 영국 정부로부터 6회나 수출상을 수상했다.

  이처럼 고정관념을 깨고 새로운 것을 만들어 낸 혁
신적 마인드, 실패한 제품을 대박으로 바꿀 수 있게
해준 관찰력, 생활 속 불편함을 개선하려던 작은 아이
디어들이 패션계와 세상을 바꿔 놓았다.